Thomas Spaniel - das nichts im ball

Thomas Spaniel

das nichts im ball

Gedichte

udo degener verlag

moment der unruhe

unablässiger anfang

farbschicht auf farbschicht
die vorspanne jagen einander
das hämmern des glücksrads
in den führungsetagen
dumpfes gemurmel

der läufer kauert bereits
seit jahren im startblock
aber niemand erscheint
um den schuß abzugeben
irgendwann schließlich

sinkt die temperatur
es nähert sich
eine art nebelwand
dahinter dann muß es
endlich beginnen

sonntag

der wind frischt auf
die leeren sessel wackeln
auf der terrasse unentwegt
raunt das bild mir zu
doch ich entgegne nichts

die sprache ist geblieben
obwohl ich eine grenze
überquerte ich erahne
endlich was die maserung
des tisches sagen wollte

wie blätter wirbeln
plötzlich demonstranten
über absperrzäune
kreischend folgen kinder
dem nichts im ball

inferno

eisblock vom dach
erschlägt alte dame beim
download erwischt bitte
füllen sie die nachfolgenden
felder aus geben sie

unbedingt ihre genaue
adresse an wählen sie
im pull down menü wenn
ihnen der artikel gefallen hat
ihren ansprechpartner

überall wo gebäude
schneefanggitter haben gab
es städte und gemeinden auch
muttermilch die macht sich
ihr leben lang vorwürfe

feldzug

vor dem supermarkt
formieren sich die konsumenten
für ein neues angebot
der wind schnaubt regentropfen
sonnenstrahlen stechen zu

ein rettungswagen
eilt mit geheul heran
und übertönt das flüstern
weiblicher heldinnen
dem kriegerdenkmal platzt

das grün aus allen fugen
ich fühle mich so harmlos
wie ein eichhörnchen
das ein taschentuch
aus papier gefunden hat

stau in der stadt

zwanzig minuten lang
die nähe einer mülltonne
weit geschwungene kratzer
der umhang aus staub
das heer von motoren

ein dumpfer protest
der nicht erhört wird
hinter erleuchteten fenstern
in allen stockwerken
spielen sie die partie

am schreibtisch
beharrlich weiter
in weißem hemd
mit dunkler krawatte
ohne jegliche regung

spurweite

die schienen vibrieren
plötzlich als wollten sie
unbedingt jetzt schon
einander näher kommen
nicht irgendwann sich

im unendlichen schneiden
wie wolframdrähte glühen
sie unverhofft auf
im sonnenlicht rollen
schwere räder heran

da biegt der glänzende stahl
sich durch und federt zurück
wer indessen so streng
auf abstand achtet gelangt
niemals ins bild

flugzeugmuseum

die trümmer abgelegt
in ihrer alten reihenfolge
wie saurierknochen
aber eine lücke klafft
die keine technik schließt

zwischen den zerfetzten holmen
fehlen wichtige details
wie es sich anfühlte
umarmt zu werden
von einer federwolke

oder unverhofft begrüßt
von zarten eiskristallen
und was streichelte die stirn
als die erde unaufhaltsam
immer näher wirbelte

solarpark

reihen von spiegeln
über das feld gesät
das struppige gras
sich selbst überlassen
nur ein paar schafe

sorgen für ordnung
in zellen verschwindet
der sonnnenstrahl
eine summende kiste
umgeben von kameras

verschickt ihn weiter
aber man sieht nicht
wohin die rapsblüten
hätten ihn wieder
zurückgegeben

crème de salidou

steinhart im kühlschrank
ein jahr vergessen hinaus
über das haltbarkeitsdatum
so bleibt der geschmack
für immer verloren

was alles hineinpaßt
in zierliches glas
das feuer vom karamell
butter und meersalz
toben der brandung

ich sagte du könntest
mich nicht mehr sehen
aber du hieltest mich
fest wie die katze das
ende des wollfadens

gebrauchsanleitung

ein sonnenstrahl
der auf den eingang zielt
verborgen in der wand
geheime hebel
die nur ich ertaste

dieser handgriff
der mir ohne laut
die folie öffnet
eine stimme raunt wenn ich
die augen schließe

mechanik die mich
sanft bewegt ich spüre
wenig vibrationen schnee
fällt flocken legen sich
auf meine wimpern

verschwinden

eines morgens fehlt
am klingelschild
der name

oder läßt sich
selbst mit größter mühe
nicht artikulieren

das gesicht im spiegel
ist in keinem paß
mehr abgebildet

der ort wohin die post
ab jetzt gelangen muß
liegt hinter regenschauern

auch am ziel der reise
nimmt die geschwindigkeit
noch weiter zu

ich registriere
vorerst nur
ein leichtes gleiten

menhir

schlank und groß
steht er an der straße
wie ein stummer anhalter
schon seit jahrtausenden
auf der durchreise

sein inneres verbirgt
die unsterbliche seele
klagelaute oder blut
maßlose kraft ich fühle
daß er stärker ist

als ich und sehe nicht
in welcher disziplin
waffen kann er schärfen
welche sprache führt er an
als anfangsbuchstabe

alabaster

auf dem waldweg wartet
ein schneeweißer klumpen
auf seinen finder
lampen fenster altäre
ineinander verschachtelt

tabernakel kanopen
ein taumelnder eisbär
blütenblätter brüste
gefäße für schminke
wallendes haar

fließt über die hüfte
in wasser löslich
von moosen besetzt
die finger umklammern
gleißendes licht

moment der unruhe

ich trug Pessoa
im kopf an das meer
prompt zählte der wind
wie ein buchhalter gründlich
jedes einzelne sandkorn

jedes einzelne sandkorn
sandkörner der einsamkeit
meinte Pessoa aber der wind
behielt die genaue anzahl
für sich nur einer darf

die genaue anzahl wissen
sagte Fernando leise mit
funkelnden brillengläsern
über die strandpromenade
jagten böen

tuschezeichnung

gesichter
wie mit löschpapier
aufgesaugt

bevor sie sich
zurückziehen können

zartes antlitz
im begriff die membran
zu durchdringen

die membran
die sich
über den abgrund spannt

naumburger meister

die statuen verbergen
unter ihren augenlidern
meine signatur die münder
die ich schaffe müssen
innehalten kurz bevor

sie meinen namen nennen
so nah stehst du
mir gegenüber daß ich
deinen atem spüre
doch für alle zeiten

bin ich unsichtbar
für dich der stein
entläßt mich nicht
ich bleibe ewig
eingeschlossen

Agostino Arrivabene

pandora brütet
den albtraum aus
mit verschränkten armen
athenas augen glänzen
die last des rätsels

zerrt an federn und flügeln
eine offenbarung lüftet
ihr gesäß bakterien
erobern das augustusforum
der engel würgt mich

mein kopf steckt fest
in einer fliegenwolke
meine inneren gefäße
wuchern in den raum
mir blutet der blick

die reisen des William Turner

lichtstürme im kunsthaus
von dunkel nach hell
die bilder entsteigen
der völligen finsternis
die farben sprechen
mit linien als lippen
felsen rollen und torkeln
das gebirge erstarrt
in einer schnellen bewegung
abstiege tief ins eis
ein grob umrissenes buch
dazu noch das stundenglas
müssen vorerst genügen
der viehhirt brüllt seine tiere
und den betrachter an
kühe besetzen die krypta
im kristallklaren klosterteich
spiegeln sich ihre köpfe
der glaube trägt früchte
trümmer beginnen zweige
und blätter zu treiben
die fenster in den ruinen
gestatten den blick auf ruinen
scheinbar zufällig zeigt sich
ein zweiter fluchtpunkt
flaute herrscht auf dem meer
am segel zerrt schwerkraft
das tuch von blitzen erhellt
später umtost die brandung
den phallus aus stein
der platz auf der klippe
wird verzweifelt umkämpft
die größte woge jedoch

rollt über den himmel
sie aufzufangen wölbt sich
das tal wie eine hand
fackeln flackern über den toten
der müller füllt mehl und sonne
in säcke die abbey versinkt
die beine einer weggelassenen figur
lassen sich nicht mehr verbergen
am wegrand lautloses tamburinspiel
strahlenbündel tasten die ebene ab
hinter der glasfront der bilder
jagt die geschichte den wind
durch straßen und gassen
als ich die villa verlasse
empfängt er mich draußen
sofort an der tür

Jean-Pierre Velly

den ratten näher
als den physalis
kein schneidezahn
lenkt meinen blick ab
von den pupillen

schlüssel zum traum
berührt schnittwunden
wie offene bücher
die stunde ist groß
und findet kein ende

unermeßliche grenzen
zu denen ich aufbreche
meinen körper wünsche ich
zu verbergen ich möchte
nicht atmen müssen

sicherheitslage

die leuchtenden augen
der besucher

verdächtig
dem aufsichtspersonal

das seine tage
im halbdunkel verbringt

burg falkenstein

die aussicht vom turm
offenbart es
ein steinernes schiff
das in diesem tal
nur gestoppt hat
die maschinen arbeiten
seit jahrhunderten
lautlos im leerlauf
ein leichtes vibrieren
direkt vor dem bug
steigt das gebirge empor
wie eine mauer
die mannschaften wechseln
blitzende uniformen
das leuchten der waffen
immer wieder verstohlene
blicke nach vorn
doch keiner der kapitäne
verriet je den kurs
oder das ziel der reise

teufelsmauer

die scharfgezackten
schatten der felsen
schleichen sich
in das dorf

netzkater

restaurations & logierhaus
einbrechern gleich erklimmen
ranken die holzfassade
eine glocke aus kaffeeduft
wölbt sich über dem tal
abgase von verbrennungsmotoren
schwerer pferdegeruch kleider
mit riesigen blumenmustern
schweben heran den vögeln
verschlägt es die stimme
die lange schmale terrasse
dicht von körpern besiedelt
beliebt bei den mücken
immer derselbe schlager
lichtstrahlen spielen
mit korallenohrringen
oder mit kuchengabeln
gebirge von buttercreme
werden leichthändig bewegt
eine sintflut aus sahne
unweit vom haus versinken
die echos des lauten
gelächters im fischteich
ausgestopft hinter glas
lauert die letzte im netz
gefangene wilde katze
abends schwappt
in der veranda licht
wie in einem aquarium
nachdem der besitzer
irgendwann sämtliche türen
verriegelt hat um sich
zum sterben zu legen

erobert der hausschwamm
zimmer um zimmer
kehren regen und wind
immer häufiger ein
alldem bereiten die bagger
ein bett aus kies

ahlbeck

hinter dem horizont
brummt ein schiffsdiesel

die blumen umstehen die villa
wie eine armee

vorhut von einem
der auf dem weg zu mir ist

weckzeit

das grab des dichters

stolpe

der nackte hügel
einige schaufeln sandiges erdreich
hingeworfen
als wäre eile geboten gewesen

strohblumen
nach denen zärtlich das unkraut greift
keine umrandung kein stein
mit einem namen

dem letzten gedicht
fehlt der titel
und es endet nicht

antrittsvorlesung

gewitterwolken verdunkeln
den himmel im hörsaal herrscht
akademische finsternis
fenster bleiben verschlossen

stoffe festgeklebt an der haut
die stimme die pausenlos referiert
aber niemand steht hinter dem pult
zu unscharf um mitzuschreiben

man weiß sich schon jetzt verfolgt
von einem stechenden blick
durch blitzende brillengläser
die nächsten fünfzig semester

psalmen

bäume werfen durch die fenster
schatten doch die luft
zum atmen knistert

unter brückenbögen
tief im wasser widersprechen
steine unentwegt dem fluß

über den polierten lack
der geparkten polizeiautos
fliehen unablässig wolken

märz

in memoriam Rainer Brambach

unter dem schnee lauert
ein verfaultes kohlfeld
die turnhalle summt kinderlieder

frühblüher marschieren auf
am rathaus kriecht ein gerüst
die fassade empor

ich habe viele berufe
aber auch einen von dem ich
bislang noch nichts weiß

gewinn

die lottozahlen leuchten
anderswo die sonne heizt
den schwarzen stoff
auf meiner brust
nur gelegentlich
faucht der winter noch
in der birke ohne blätter

nochmal august

traktoren gravieren
zeile um zeile
dunkelheit
in die felder

die kellnerin schüttelt
das tischtuch aus
die kellnerin tanzt
mit dem tischtuch

november

nackte zweige
schmücken sich
mit wasserperlen
kranichstimmen
reisen ins exil
in der nachspielzeit
sitzt die fliege
auf dem bildschirm
still im abseits

wintersonne

mein langer schatten
streift nebenher
wie ein hund
über das weiße feld
noch unentschlossen
ob er nicht
an der nächsten kreuzung
wo ich geradeaus
gehen will zur seite
abbiegen möchte

nacht vor silvester

es knackt wie fingerknochen
durch die heizungskörper
rauscht das verlangen
ein schnarchen haust
in allen wänden

den flur erfüllt der laut
der analogen uhr
ihr augenlid aus holz
klappt im dunkel
zärtlich auf und zu

im tiefschlaf seufzt
die spiegelglatte see
eine feuerwerksrakete
kann nicht länger warten
und platzt einfach los

mitternacht

scheinwerfer spielen
mit den verkehrsschildern
die bohrenden blicke der sterne

es wird kälter
der weltraum rückt
näher heran

frühschicht

in den büros ist die sonne
bereits aufgegangen

bernsteingelbes licht
hinter den fensterscheiben

an die sich die nacht
blau und kalt preßt

weckzeit

rangiergeräusche
die gebügelten hemden im schrank
leisten schon widerstand

geschlossene jalousien
das licht kriecht
unter der tür hindurch

taschenuhr

ein zahnrad hinter glas
ruckt immerzu nervös
ein anderes dagegen
dreht sich stoisch

mit sicherheit
läßt sich nicht sagen
wie im augenblick
die zeit entsteht

obwohl
sie jetzt genau
in diesem mechanismus
hergestellt wird

jahrmarkt

am ersten stand
muß man alle farben treffen
die sich im schwarzweiß
verstecken

nach der karussellfahrt
wächst in der brust
die fliehkraft
immer weiter an

in der geisterbahn
darf die allerletzte
kammer einzeln nur
betreten werden

namenloser augenblick

jähe vogelschatten
der herabgestürzte starenkasten
eine erste falte im gesicht
der tochter zarter blitz
der um die schläfe spielt

luftwurzeln

das unbenutzte zimmer
der tochter eine junge amsel
hat sich in den raum verirrt

todeskämpfe an der fensterscheibe
grüner kot am glas der körper
auf dem teppich hingestreckt

eingehüllt in eine zeitungsseite
knistert noch
der traum vom fliegen

oktavheft

blütenstaub bewacht
den einbanddeckel
etwas will hinein
klopft mehrfach an
die seiten flüstern
angelsehnen schwirren
durch die morgenluft
mit dumpfem laut
trifft die kombizange
den forellenschädel

mumien

strahlender sonnenschein
auf dem fahrradweg kleben
verdorrte nacktschnecken

am ende ihrer eingetrockneten
schleimspuren

silberne striche
über den asphalt gekreidet

kleine tragödie

die augen der katze
die stundenlang vor
der terrassentür sitzt
und in das haus will
ohne zu wissen daß
sie nur in die herzen
hineinkommen darf

mysterium

mitten in der einfahrt
zu dem parkplatz liegt
ein kleiner tintenfisch
aus gummi drei vier tage lang
gehe ich an ihm vorbei
dann ist er verschwunden
wie ein geheimnisvoller gast
der nur einen flüchtigen
besuch abstatten wollte
ohne einen augenblick
den grund für sein erscheinen
preiszugeben

kurzer halt

plastikrohre voller sand
eine ausgediente abraumhalde
herrscht über alle die hier wohnen
niemand verläßt das haus

die stille balanciert
auf zitternden grashalmen
der körper des busfahrers
glüht im sonnenlicht

ein feuersalamander
lodert lautlos
unter seinem stein

streichelzoo

alles läßt sich
berühren nichts
offenbart sich

ich

das wasser
in der tiefgarage
gibt mir recht

erschöpfung

die rosen in der bodenvase
lehnen ihre köpfe
an das vertiko

kleiner kosmos

stagnation

mein notizbuch löst sich auf
ich bin umstellt von felsen
die mein herz bewachen

die katze komponiert
mit ihren krallen auf dem glas
der terrassentür

das segelschiffsmodell legt ab
vom fensterbrett
ich kann nicht folgen

im garten lautes krachen
du schneidest tief
ins tote holz

wiederholter anruf

die markise zittert
der sandstein beginnt zu leuchten
eine nachricht ist unterwegs

die elstern lachen
in der jackentasche
zappelt das telefon

ich gehe nicht ran
der mich erreichen möchte
spricht nie mit mir

er hat keinen namen
ich kenne ihn gut
ich weiß was er will

kapitel

statt einer antwort
glitzert speichel
auf dem asphalt
wir küssen
uns so dunkel
wie nur schatten
es vermögen

ration

•

nur du kennst das paßwort
das zu mir führt
aber du verrätst es
nicht einmal mir

du fütterst
den gefangenen vogel
in meiner brust

ordnung

bislang lief immer
unbemerkt im hintergrund
ein rettendes programm
auch bleibst du konsequent
auf deiner seite
räumst alles jedesmal
an den alten platz zurück
nur nicht in mir

update

deine neuen stöckelschuhe
setzen punkte in den text
in dem sich stets
ein wort nur wiederholt

heute nacht versuchst du mich
auszusprechen
wie ich noch nie
geschrieben wurde

elegie

der draht im körper
narbe dunkle stelle
widerstand die zeit
führt ihr florett

im bach unter dem eis
jagen große blasen
voller luft zu ihren
auftraggebern hin

spital

I
eine sommerlandschaft
streng gerahmt
klein und leuchtend bunt
du bist weit draußen
niemand mehr
kommt dir entgegen

II
die sonne blendet dich
in zwei gesichtern
die rechte hälfte
deines kopfes schwillt
nun immer stärker an

doch ich finde dich
auf dieser seite wieder
riesig groß und rund
die stelle wo sie dir
den schädel öffneten

dort hieltst du tapfer
sieben stunden lang
den weltraum aus
mit allen seinen
sternschnuppen

III
du trägst einen festen kopfverband
und schaust mich an
mit den augen eines raubvogels

popocatépetl

ich fürchte du bist schon gestorben
obwohl du unablässig schimpfst
auf das wetter deinen rollstuhl
auf die schwestern und das essen
auf den langen zopf des kochs
mutters name fällt dir nicht mehr ein
wer erklärt mir jetzt die regeln
dieses ballspiels das du nach dem
mexikanischen vulkan benanntest
und von wem erfahre ich
wie man auf der abfallhalde
einer alten porzellanfabrik
aus all den scherben
heile puppentassen ausgräbt
wo erreiche ich dich künftig

aufforderungen zum tanz

von der wäscheleine
winkt mir unentwegt
ein leerer ärmel zu

ein strauch hat alle
seine weißen blütenblätter
vor mich hingeschüttet

tauben wischen über mich
hinweg mit dem geräusch
nur eines flügels

radio

der moderator atmet
laut ins mikrofon
und sagt kein wort
ein sonnenstrahl
spielt auf dem tisch
noch einmal schaukeln
bis zum höchsten punkt
an dem der flug
beginnen kann

fortschritt

ich sehe die adern
unter meiner haut
hämmern jemand feuert
mich dauernd an
er oder sie
weiß aber nicht
ich habe mein areal
schon mehrfach durchquert
bin wiederholt zurückgekehrt
genau zu demselben punkt
ganz außer atem

sehschärfe

für Wulf Kirsten

es ist noch hell
so hell wie früher
aber ich erkenne
immer weniger konturen

ich paginiere leerseiten
von der zimmerdecke
winkt mir eine spinnwebe
ermunternd zu

schon das
kann ich nur vermuten

sprengung

sicherungsposten
das ticken des pulses
die stille vor dem signal

immer wieder folgt mein herz
der fallrichtung
der kühltürme

steingesicht

augen ausgebildet für den blick
durch einen riß ich atme auf
allerkleinstem raum

an manchen tagen
öffnet sich ein fenster
und ich wage nicht hinauszuschauen

zu keiner statik mehr vertrauen
ständig stürzt in mir
noch etwas ein

sprichst du von mir beschreibst du
immer nur die trümmer
unter denen ich mich wand

hommage an Pettenkofer

diese wand
an der mein kopf liegt
gegen die ich meine stirn
mit aller kraft
geschlagen habe
diese wand
kann nicht atmen
versucht es wenigstens
ich spüre es genau

wind

wir
werden weggerissen
wie rauch

vanitas

das abgegriffene bild
die umrisse schwach
als wärst du nur
mit bleistift gezeichnet
du hörst mich
längst nicht mehr an

all meine codes
hast du ausgelesen
was kann ich noch
für dich tun

kleiner kosmos

der regen schwatzt
im fallrohr vor sich hin
obwohl sich niemand rührt
knarrt das parkett
ein hund bellt
auf das echo
ist wie stets verlaß

wenn ich die augen schließe
schau ich in ein auge
das sich niemals schließt

bodyguard

von früh bis spät
die augen wach der blick
streift wie ein radarstrahl
über fenster türen körper
verschlossene gesichter

nur eine ungefähre
ahnung lichteinfälle
die vermuten lassen
wind durchsucht nervös
die pappelreihen

und was ich begleite
höchstens einen schritt
entfernt verbirgt sich mir
obwohl ich keinen augenblick
von der seite weiche

eeg

barsch befahl man mir
die augen stillzuhalten
obwohl ich meine lider
schon geschlossen hatte
kühle nasse elektroden

preßten sich an meinen
schädel lasen tief darin
dünne kabel raschelten
im raum ein leises surren
ich war mir völlig sicher

jemand wußte ganz genau
was ich zu sagen hatte
mit den scharfgezackten
linien aber keiner wollte mir
die geringste auskunft geben

poesie

die kellertreppe abwärts
auf der suche nach der tür
zum balkon

Anmerkungen

„sonntag“ Erstveröffentlichung in „Traumtänze“ Fünfundzwanzig Gedichte zum Walter Werner Preis 2012

„naumburger meister“ Erstveröffentlichung in „Mitteldeutscher Gedichtekalender 2013“, Mitteldeutscher Verlag 2013

„sehkraft“ Erstveröffentlichung in „Fest in der Landschaft“, Edition Azur 2013

INHALT

kleiner kosmos

1. Auflage 2016
u. degener verlag, Potsdam

Gestaltung und Umschlag: U. Degener
Titelbild: © xunantunich - Fotolia.de
ISBN: 978-3-95497-777-2